Nadine Fischer
Heidweg
5100 AACHEN
☏ 02 41 - 6 31 91

Der kleine Delphin

Von Robert A. Morris
Illustriert von Mamoru Funai
Deutsch von Ursula Bahn

REINBEKER KINDERBÜCHER
im Carlsen Verlag

Der kleine Delphin
Reihe LERNE LESEN
2. Auflage 1978
© Carlsen Verlag GmbH · Reinbek bei Hamburg 1976
Aus dem Amerikanischen
DOLPHIN
Text copyright © 1975 by Robert A. Morris
Illustrations copyright © 1975 by Mamoru Funai
Originalverlag: Harper & Row, New York
Alle deutschen Rechte vorbehalten
05087806 · ISBN 3-551-53141-2 · Bestellnummer 53141

Es ist Morgen.
Die Sonne geht auf.
Riesengroß steht sie über dem Horizont.
Die See ist ruhig.

„Twiet! Twiet! Twiet!"
Diese Laute stoßen Delphine aus.
Sie sind aufgeregt.
Sie schwimmen um ein großes Delphinweibchen herum.
Sie bekommt gerade ein Junges.

Zuerst kommt eine kleine
Schwanzflosse aus ihrem Körper.
Dann plötzlich ist
das Delphin-Baby geboren.
Es ist 90 Zentimeter lang.
Die Mutter ist 2,50 Meter lang.

Delphin-Kinder werden Kälber genannt.
Erwachsene weibliche Delphine
nennt man Kühe.
Erwachsene männliche Delphine
nennt man Bullen.
Das Neugeborene ist ein Männchen.

Delphine sind Säugetiere.
Sie müssen Luft atmen.

Das Baby muß bald atmen,
sonst erstickt es.
Die Delphin-Mutter schwimmt
unter ihr Kalb.
Sie stößt es sanft
zur Wasseroberfläche.
Sssss!
Das Kalb atmet zum erstenmal ein!
Sein Atemloch ist vorn am Kopf.
Man nennt es Blasloch.
Jetzt schwimmt das Kalb allein.
Es wird Luft atmen,
wenn es welche braucht.

Das Kalb hat Hunger.
Es schwimmt zu seiner Mutter.
Sie legt sich auf die Seite.
Das Baby trinkt warme Milch bei ihr.

Rrrrrr . . .
Die Delphine hören
ein neues Geräusch.
Es ist ein Schiff.
Die Delphine schwimmen darauf zu.
Das Kalb schwimmt
neben seiner Mutter.

Es ist ein guter Schwimmer.
Der kleine Delphin
bewegt seine Schwanzflosse
auf und ab.
Die Flosse treibt ihn
durch das Wasser.

Die Rückenflosse bewahrt ihn
vor dem Umkippen.
Man nennt sie auch Finne.
Der kleine Delphin benutzt
die Brustflossen,
um nach oben oder unten zu steuern
oder nach rechts oder links.

Die Mutter und ihr Kind
schwimmen schneller und schneller.
Sie flitzen zum Bug des Schiffes.
Dann lassen sie sich
von der Bugwelle tragen.
Sie spielen Wellenreiten.

Die anderen Delphine sind auch da.
Sie tauchen und springen
und spielen in den Wellen.
Ihre Haut ist nackt und glatt.
Schwimmen fällt ihnen leicht.

Es wird dunkel.
Die Delphine schwimmen
vom Schiff fort.
Es ist Zeit zum Ruhen.
Das Baby ruft seine Mutter:
„Twiet! Twiet! Twiet!"
Es ist hungrig.
Es muß wieder Milch trinken.

Die Delphine schlafen
an der Wasseroberfläche.
So können sie atmen.
Sie werden mehrere Stunden ruhen.
Der kleine Delphin schließt die Augen.
Es ist ein langer Tag gewesen.

Am nächsten Morgen
ist die Delphin-Mutter hungrig.
Sie muß Nahrung suchen.
Delphine jagen in Gruppen.
Eine Gruppe von Delphinen
nennt man Schule.

Delphine fressen Fische, Krebse
und kleine Tintenfische.
Heute finden sie
einen Makrelenschwarm.

Die Makrelen schwimmen fort.
Aber die Delphine sind schneller.
Einige von ihnen schwimmen
unter den Schwarm von Fischen.
Einige schwimmen nach rechts
und andere nach links.
Nun sind die Makrelen
dicht beisammen.
Die Delphine können sie
leicht schnappen.

Ein verletzter Fisch schwimmt nahe
an dem kleinen Delphin vorbei.
Das Kalb schnappt schnell zu.
Aber der Fisch ist zu groß.
Das Kalb kann ihn nicht
im Maul halten.
Der Fisch entkommt.

Tschrip, tschrip, tschrip!
Das sind Schwertwale!
Schwertwale sind die Feinde
dieser Delphinart.
Sie fressen Robben,
große Fische und Delphine.

Klatsch! Klatsch! Klatsch!
Ein Delphin schlägt
mit seinem Schwanz auf das Wasser.
Das ist das Zeichen für Gefahr.
Die Delphin-Mutter
schwimmt schnell zu ihrem Kind.

Alle Delphine eilen fort.
Sie schwimmen so schnell sie können.
Aber die Schwertwale kommen näher und näher.

Das Kalb ist müde.
Einige der Delphin-Bullen
bleiben in seiner Nähe,
um es zu beschützen.

Da entdecken die Schwertwale
den großen Makrelenschwarm.
Sie machen nun Jagd auf die Makrelen.
Die Delphine schwimmen davon.
Sie sind gerettet.

Das Kalb wächst.
Jeden Tag wird es etwas größer.
Es ist jetzt sechs Monate alt.
Es ist etwa 1,20 Meter lang.
Wenn es zwei Jahre alt ist,
wird es so groß sein wie seine Mutter.

Manchmal verläßt die Mutter
ihr Kalb,
um in der Tiefe nach Nahrung
zu suchen.
Während sie weg ist,
bewachen zwei andere Kühe das Kalb.
Sie helfen der Delphin-Mutter,
für ihr Kind zu sorgen.

Das Kalb kann nicht
so tief tauchen
wie seine Mutter.
Es kann nur drei Minuten
unter Wasser bleiben.
Die Kuh kann 300 Meter
tief tauchen.
Das tiefe Wasser ist kalt.
Aber sie hat eine dicke Schicht
Fett unter ihrer Haut.
Das Fett hält sie warm.
Sie kann sechs Minuten
unter Wasser bleiben.

Die Delphin-Mutter kommt
mit einem Fisch im Maul zurück.
Sie läßt den Fisch los.
Sie möchte, daß das Kalb
ihn selbst fängt.

Das Kalb jagt den Fisch
und hält ihn mit den Zähnen fest.
Seine kleinen Zähne
sind keine Milchzähne.
Es wird sie
sein Leben lang behalten.
Sie werden mit ihm wachsen.
Das Kalb kaut den Fisch nicht.
Es schluckt ihn
im Ganzen hinunter.

Rrrrr . . .
Da kommt ein Krabbenfischerboot.

*Männer holen die Netze ein.
Die Netze sind voller
Krabben und Fische.
Die Männer nehmen
die Krabben heraus;
aber die Fische
wollen sie nicht haben.
Die werfen sie ins Meer zurück.
Die Delphine schwimmen herbei
und fressen die Fische.*

Manchmal ist das Wasser trübe.
Die Delphine können die Fische
nicht sehen.
„Klick! Klick! Klick!"
Die Delphine geben bestimmte Laute
von sich.
Diese Laute werden vom Wasser
weitergeleitet. Sie treffen
auf die Fischkörper und werden
zu den Delphinen zurückgeworfen.

Diese Laute melden den Delphinen, wo der Fischschwarm ist.

„Klick, klick, klick!"
Das Delphin-Baby schwimmt hin und her.
Es frißt kleine Fische.
Plötzlich sieht es ein riesiges Tier in dem trüben Wasser.
Es ist größer als seine Mutter.
Es ist ein gewaltiger Tigerhai.
Auch der Hai jagt die Fische.

Klatsch! Klatsch! Klatsch!
Einer der Delphine
macht das Zeichen für Gefahr!
Aber zu spät!
Der Hai erwischt
den kleinen Delphin
an einer Brustflosse.
Das Kalb ist verwundet.
Die Spitze seiner rechten Brustflosse
ist ab.

Viele Delphin-Bullen
schwimmen auf den Hai zu.
Sie stoßen den Hai
mit ihren harten Mäulern,
die wie Schnäbel aussehen.
Der Hai ist verletzt.
Er schwimmt davon.

Der kleine Delphin braucht Luft.
Zwei erwachsene Delphine
schwimmen unter ihn.
Sie tragen ihn hinauf
zur Wasseroberfläche.
Jetzt kann er Luft holen.
Die Schule
bleibt nahe bei dem Baby,
um es zu schützen.
Es ist nicht schwer verletzt.
Seine Flosse wird bald heilen.

„Twiet, twiet, twiet!"
Die Delphin-Mutter ruft.
Das Delphin-Kalb eilt zu ihr.
Es ist Zeit für die Milch.
Wenn das Kalb ein Jahr alt ist,
wird es keine Milch mehr brauchen.
Dann kann es selbst für sich sorgen.

Der Delphin kann 30 Jahre leben.
Er wird lange Zeit bei der Schule bleiben.

Bemerkung des Autors

Diese Geschichte handelt von einem Großen Tümmler oder Flaschennasendelphin. Sein wissenschaftlicher Name ist Tursiops truncatus. Große Tümmler sind an den Atlantikküsten von Amerika und Europa zu finden, auch in der Nordsee. In der Gefangenschaft lassen sie sich leicht zähmen und freunden sich mit dem Menschen an.